JN289725

子どもの生きる力を育てる
楽しい42の遊び

三宅邦夫 著

黎明書房

まえがき

　子どもが歓声をあげて遊びまわっている。
　私も，子どものようにイメージをふくらませて創作した遊びをひっさげて，子どもの声の響くところへ伝承してまわっている。

　"三宅おじさん"として遊びの創作と伝承を始めて，60年近くになります。
　三宅おじさんは，川にかかった橋や鉄橋を渡るとき，魚が泳いでいないかとつい身を乗り出してしまいます。
　三宅おじさんは，新聞を読んでいるうちに，いつの間にか新聞紙で遊ぶガキ大将になっています。子どもの頃いつもいっしょに遊んだ近所のよっちゃんやかずくん，たーぼうが必ず登場して遊ぶのです。三宅おじさんにとって，新聞を開くのが，至福の時です。

　三宅おじさんの遊びの創作の原点は新聞紙です。以来，折り込み広告，ジュースの空き缶，紙コップ，自転車のチューブ，ビールの空きケース……と遊びの材料が広がって，最近ではピンポン玉やゴムボールのとりこになってしまっています。
　三宅おじさんの魚釣りは，仕掛け作りから始まります。遊びも，材料を集めて，試行錯誤しながら遊び具を作ることで，創造力，思

考力，それに五感を育むのです。そして，それらは総合されて人間の生きる力となるのです。遊びの世界では，効率性を求めてはなりません。だから本書では，遊び具作りも遊びの一環として，ないがしろにすることなく取り上げることにしました。

　三宅おじさんの遊びの伝承地域は，名古屋を中心に，北海道から九州，台湾や韓国，マレーシア，そしてアメリカへも広がっています。これからも遊びの創作と伝承の"三宅おじさん"として歩み続けたいと思っています。

　今回もうた遊び研究家の山崎治美さんに原稿の広がりをつけていただき，黎明書房武馬久仁裕社長や編集の吉川雅子さんには大変お世話になり，感謝いっぱいです。

三宅邦夫

この本をご活用いただくにあたって

　テレビ時代に育った子どもたちが，先生や親になっています。そして今の子どもたちは，テレビゲーム漬けで育っています。頭脳は学習塾で，体力は体操教室で，情操は音楽教室でと，まるでパッチワークのような育ちをさせられているようです。
　けれども，私たちの体は機械ではありません。知育，徳育，体育のバランスが常にとれていてこそ，健全な人として成長するのです。そして，それらの総合的な育ちを支援するのが，子どもの身近にいる先生であり親なのです。

　そこで，

> 　先生も親も，遊びの先導者として，ガキ大将・おてんばさんになって子どもといっしょに楽しんでください。（本書の遊びの対象年齢はあくまでもめやすですから，こだわらないでください。）

　本書で紹介する遊びは大人同士でも大いに楽しめるものばかりです。実際に幼稚園・保育園・小学校の先生，児童厚生員，子育て支援者，老人クラブの指導者や子どもの保護者の方々から招へいを受けての遊びの研修会では，大人同士が生き生きと夢中になって遊んでくださるのです。
　「日頃の雑事を忘れ，童心にかえって爽快」「自分が楽しんだの

で，自信をもって子どもに伝承できる」と晴れ晴れとした表情で語ってくださる参加者の声が，私の元気薬となっています。

また，

> 遊びは，材料集めからスタートです。子どもといっしょに材料を集めて，遊び具作りをしてください。本書は遊び具の作り方にも力を入れました。

今やお金さえ出せば何でも手に入る時代です。子どもに高価な遊び具を買い与えることにも，多くの大人は疑問を感じていないようです。

「自分が子どもの頃は雑誌の付録の紙型オモチャが楽しみだったのに，今では『作るのが面倒』『すぐこわれる』『ごみになる』という大人からの苦情で，紙型オモチャはほとんどなくなり，懐かしい思い出となってしまった」という話を聞きました。とても残念なことです。出来具合を気にしながらも楽しんでせっせと根気よく作って，やっとできた喜びが，手先を器用にし，創造性を伸ばし，それによって遊びの世界がふくらんでいくのです。また，たとえ下手でも，苦労して作った道具には愛着を感じます。そこからものを大事にし，人を慈しむ優しい心が育まれるのです。

なお，子どもにはさみを使わせるときは，はさみを決して人に向けないよう注意してください。

本書中の遊びを行うことによって育つ「生きる力」を形作る主なものには，①思考力，②社会力，③運動力，④忍耐力の4つがあります。

この本をご活用いただくにあたって

①**思考力（考える力）**
　冷静で正しい判断力，集中力，注意力，記憶力，創造力，応用力

②**社会力（協調・協力する力）**
　ルールを守ろうとする力，相手を理解する力，相手を信頼する力，相手と一緒にやろうとする力

③**運動力（体を動かす力）**
　瞬発力，跳躍力，筋力，持久力，動きを調整する力，敏捷性，平衡感覚

④**忍耐力（我慢する力）**
　自制力，持久力，感情や行動を調整する力，辛抱する力

それぞれの遊びでこの中のどの力が育つかがわかるようになっていますので，参考にしてください。　例：★育つ力　思考力　社会力

　IT社会化が進み，脳を使わなくても生きていけるようになってきました。社会性を育む基礎となる親子関係も希薄になって，遊びといえばテーマパークへ行くことやテレビゲームをすることしか思いつかない大人に育てられる子どもたちもいます。遊びより勉強！と追い込まれ，ストレスが発散できないばかりか，神経質になり活気を失っている子どもたちのことも気がかりです。
　また，感情や行動の抑制やコントロールができず，すぐに切れる大人や子どもによる痛ましい事件の報道に接すると，辛抱さえできたら大事には至らなかったのにと思うこともしばしばです。
　今こそ私たち大人が，あらためて，子どもの生きる力を育ててくれる遊びのすばらしさに目覚めるべき時です。

もくじ

まえがき　1
この本をご活用いただくにあたって　3

❸歳以上の遊び ・・・・・・・・・・・・・・・・　9

1　みんなでいっせいに**じゃんけん＆両手たたき**　10
2　2人で**じゃんけん＆両手たたき**　12
3　厚紙で数字ボードを作って**同じ数字で集合**　14
4　新聞紙で輪っぱを作って**転がしっこ**　16
5　茶たくと空き缶でトロッコを作って**転がしっこ**　18
6　ピンポン玉で**玉入れごっこ**　20
7　ホースで輪を作って**輪投げ**　22
8　落ちついて落ちついて**箸入れ競争**　24
9　段ボール箱で**宅配ごっこ**　26
10　箱と新聞紙で**ハードルジャンプ**　28
11　箱と新聞紙で**ハードルくぐり**　30

Column　「よく遊び，よく学べ」　32

❹歳以上の遊び ・・・・・・・・・・・・・・・・　33

12　1人で，2人で，**交互に指出しっこ**　34

もくじ

- 13　折り紙で色カードを作って**同じ色集めっこ**　36
- 14　折り紙と箱でカラー箱を作って**色合わせ**　38
- 15　折り紙と箱でカラー箱を作って**いろいろ四角形**　40
- 16　空き缶で**持ち上げっこ**　42
- 17　空き缶でトーテムポールを作って**運送屋さんごっこ**　44
- 18　新聞紙で棒を作って**瞬間手引き**　46
- 19　新聞紙でけん輪を作って**輪通し**　48
- 20　広告で輪っぱとストローを作って**転がしっこ**　50
- 21　ポスターで輪っぱを作って**転がしっこ**　52

Column　遊ぶ子どもの神々しさ　54

⑤歳以上の遊び ・・・・・・・・・・・・・・・・・ 55

- 22　あいこがポイント！　**1つ抜きじゃんけん**　56
- 23　カレンダーで数字カードを作って**100集め**　58
- 24　空き缶で**積み上げっこ**　60
- 25　ひもで**造形遊び**　62
- 26　紙テープで輪を作って**色で集合**　64
- 27　厚紙で大きなサイコロを作って**数で前進**　66
- 28　ビニール袋と新聞紙でソリを作って**スイスイスーイ**　68
- 29　段ボールとボールで**すくって，キャッチ**　70
- 30　ポスターで筒を作って**玉通しキャッチ**　72
- 31　紙コップでけん玉を作って**玉キャッチ**　74
- 32　空き缶で筒を作って**2人で玉通し**　76

Column　子ども時代の感覚を呼び覚まそう　78

小学生以上の遊び　79

33　同時に＆同じ**文字書きっこ**　80
34　考えて考えて**熟語作り**　82
35　新聞の活字を並べて**ことば作り**　84
36　新聞の活字を並べて**文章作り**　86
37　ひもで**ひと文字作り**　88
38　厚紙でひらがなカードを作って**ことば作り**　90
39　カレンダーで数字カードを作って**一桁目が同じ数集め**　92
40　厚紙で数字ボードを作って**足し算集合**　94
41　厚紙で大きなサイコロを作って**合わせていくつ？**　96
42　風船としゃもじで**落とさないで！**　98

Column　大人から子どもへ，遊びの伝承を　100

❸歳以上の遊び

1 みんなでいっせいに
じゃんけん&両手たたき

★育つ力 思考力 社会力

遊んでみよう

① 参加者全員が，指導者とじゃんけんをします。
② 負けた人は，両手たたきを3回します。
③ じゃんけんを繰り返し行い，負けるたびに両手たたきを3回します。

3 歳 以上の遊び

応 用
両手たたきの回数を，5回，7回……と変えて遊んでみましょう。

2 2人で じゃんけん&両手たたき

★育つ力 思考力 社会力

遊んでみよう・1

① 2人1組になって，2人が向き合ってじゃんけんをします。
② 勝った人は，両手たたきを5回します。
✪時間内に，誰がいちばん多く両手たたきをできるかな？

3 歳 以上の遊び

遊んでみよう・2
① 「**遊んでみよう・1**」と同様に，2人1組になってじゃんけんをして，勝った人は両手たたきを5回します。
② 両手たたきが終わったら，それぞれ別の相手を探して同じ要領で遊びます。
★時間内に，できるだけ多くの人とじゃんけんをしよう！

3 厚紙で数字ボードを作って
同じ数字で集合

★育つ力　思考力　社会力

遊び具を作ろう

材料
厚紙（10×10cm），ひも，油性ペン

❶ 厚紙に1から10までの数字のうちの1つを油性ペンで大きく書きます。

＊それぞれの数字の枚数がだいたい同じになるようにします。

❷ 厚紙にひもを通して首にかけられるようにすれば，数字ボードの出来上がり。

遊んでみよう

① 参加者全員が，数字ボードを1枚首にかけます。
② 「ヨーイドン」の合図で，同じ数字の人を探して，1か所に集まって手をつなぎます。

✪どの数字が早く集合できるかな？

3 歳 以上の遊び

応用

　幼児の場合は，数字の代わりに絵を描いた絵ボードや，折り紙を貼った色ボードで遊んでもよいでしょう。

4 新聞紙で輪っぱを作って
転がしっこ

★育つ力　思考力　運動力

遊び具を作ろう

材料
新聞紙，セロハンテープ

❶　新聞紙を2枚重ねて半分に折り，直径2～3cmの棒になるように丸めてセロハンテープでとめたものを，2本作ります。

❷　2本とも平らにつぶし，1本目を端からくるくると巻きます。

❸　1本目が終わったら，2本目をつなぐようにセロハンテープで貼って，続けて巻き，最後まで巻いたところで端をセロハンテープでとめれば，輪っぱの出来上がり。

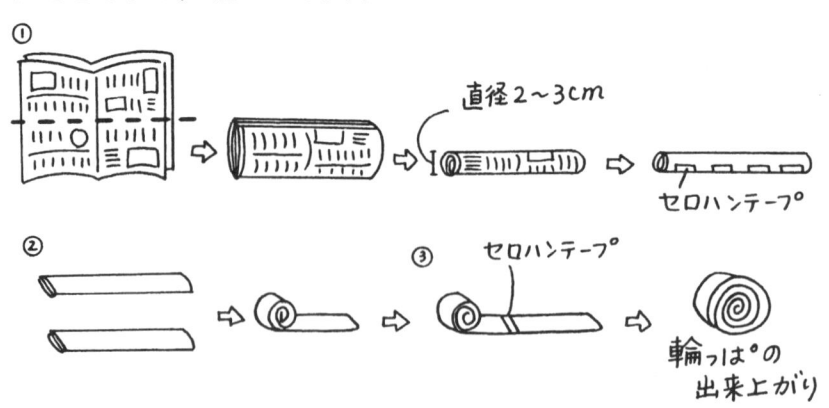

遊んでみよう・1

輪っぱを手で転がします。

✪どこまで遠くへ転がせるか挑戦！

3歳 以上の遊び

遊んでみよう・2
　2人が向かい合って，輪っぱを繰り返し転がし合います。
☆輪っぱを倒さずに，何回続けられるかな？

5 茶たくと空き缶でトロッコを作って
転がしっこ

★育つ力　思考力　運動力　忍耐力

遊び具を作ろう

材料
　茶たく（同じ大きさのもの2枚），空き缶（1個），接着剤

　茶たくを，空き缶の口と底の面に接着剤でしっかり固定すれば，トロッコの出来上がり（セロハンテープで貼り合わせてもよい）。

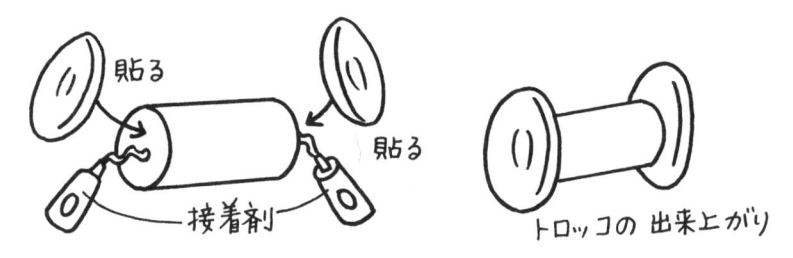

貼る　貼る　接着剤　トロッコの出来上がり

遊んでみよう・1

　トロッコの空き缶の部分を手でひと押しして，できるだけ遠くまで転がします。

☆どこまで遠くへ転がせるか挑戦！

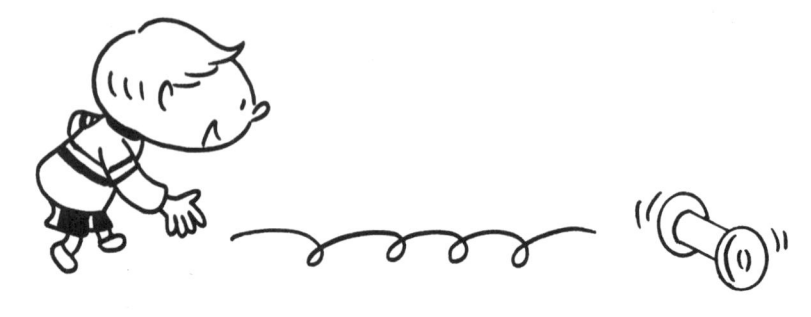

3 歳 以上の遊び

遊んでみよう・2

　準 備　スタートラインとゴールラインを決めます。

① それぞれが自分のトロッコをスタートラインに置きます。
　＊人数が多い場合はグループに分けます。
② 「ヨーイドン」の合図でスタートし，トロッコを何回も押して転がしながら，ゴールをめざします。
☆誰のトロッコが早くゴールするかな？

6 ピンポン玉で 玉入れごっこ

★育つ力　思考力　社会力　運動力

遊んでみよう•1

準備
1　ピンポン玉40個，いす1脚，バケツ1個を用意します。
2　バケツをのせたいすを中心に，直径4m，5m，6m，7m，8m，9m，10mの円を描きます。

① ピンポン玉を1人1個持って，直径4mの円の円周に立ちます。
② バケツに入るように，ピンポン玉を投げます。
③ 入らなかったピンポン玉は近くの人が拾い，円周に戻って投げます。
④ 全部のピンポン玉がバケツに入ったら，1つ外側の円周に下がって，同様に遊びます。

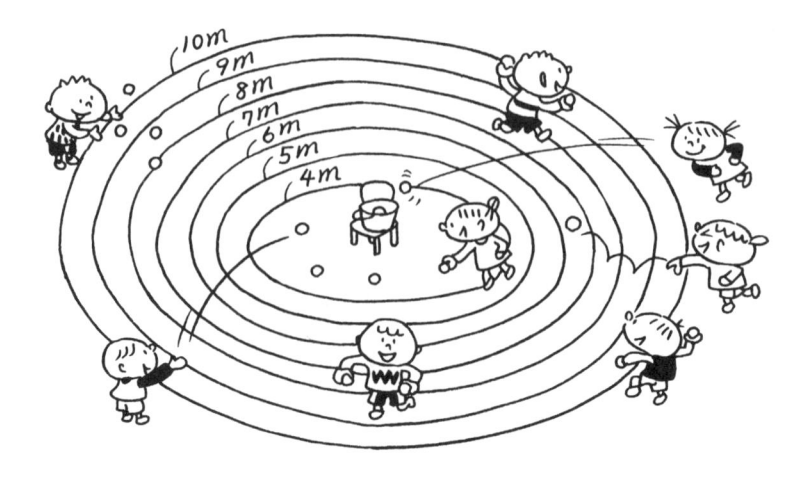

3 歳 以上の遊び

遊んでみよう・2

　ピンポン玉を，ワンバウンドさせてバケツに入れるやり方にして，他は「**遊んでみよう・1**」と同様に遊びます。

7 ホースで輪を作って
輪投げ

★育つ力　思考力　社会力　運動力

遊び具を作ろう

材料
ビニールホース（長さ50cmと3cm），はさみ，セロハンテープ

❶　3cmのホースを切り開き，幅の3分の1を切り落とします。残りを細く丸めます

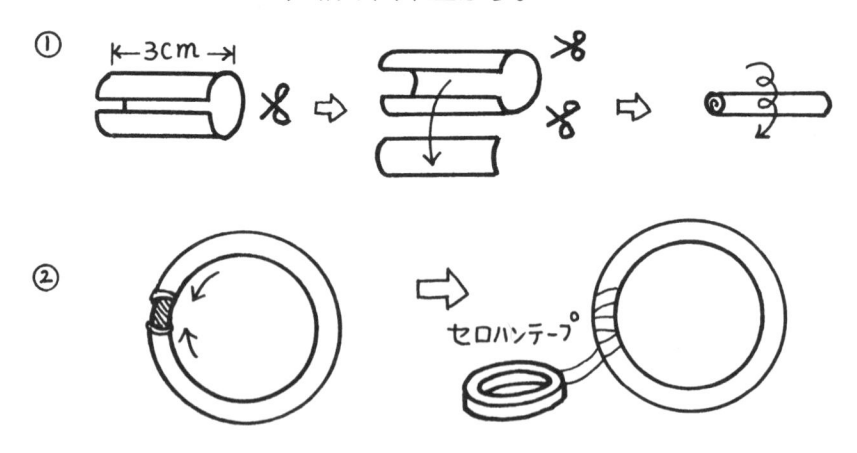

❷　❶の両端を50cmのホースの両端にそれぞれ差し込んで，セロハンテープで巻けば，輪の出来上がり。

遊んでみよう

準備
1　4本脚のいすを2脚用意します。
2　直径6mの円を描いて，その真ん中に，いす2脚をひっくり返して，脚が上を向くように置きます。

3 歳 以上の遊び

① 輪を1人1つ持って，円の外に立ちます。
② いすの8本の脚のいずれかにかかるように，輪を投げます。
③ かからなかった輪は近くの人が拾い，円の外に戻って投げます。
✪全部の輪が脚に入るまでの時間を計ってみよう！

8 落ちついて落ちついて
箸入れ競争

★育つ力　思考力　社会力　忍耐力

遊んでみよう

準備
1. 1チームにつき割り箸10本とビールビン10本を用意します。
2. スタートラインから1m進んだところにビンを1本置き，そこから1m間隔で残りの9本を置きます。

① チームごとにスタートラインの前で列を作り，各列の先頭の人は割り箸を10本持ちます。
② 「ヨーイドン」の合図で，ビンに割り箸を1本ずつ入れながら進みます。10本目まで入れたら，今度は逆に1本ずつ抜きながらスタートラインまで戻り，次の人に10本の箸を渡します。

＊ビンを倒したら，最初からやり直します。

3 歳 以上の遊び

③　チーム全員が同様に行います。
✪どのチームが早く終了するか競争！

応用

片足とびでやってみましょう。

スタートライン

9 段ボール箱で
宅配ごっこ

★育つ力 　社会力　運動力　忍耐力

遊び具を作ろう

材料
段ボール箱（みかん箱くらいの大きさのもの），ガムテープ

段ボール箱のふたと底をガムテープでとめれば，出来上がり。

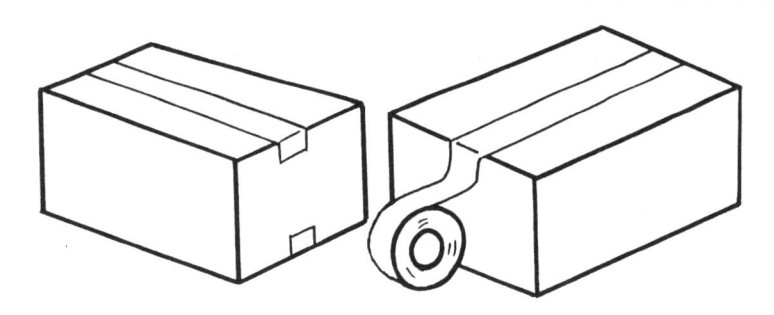

遊んでみよう

準備
1　スタートラインと折り返しラインを決めます。
2　スタートラインに箱を1チームにつき2個積んでおきます。

① チームごとに，スタートラインの前で列を作ります。
② 「ヨーイドン」の合図で，先頭の人は2個の箱を持って折り返しラインまで行き，そこからスタートラインまで戻って次の人に箱を渡します。

＊途中で箱を落としたら，その場で拾って続けます。

③ チーム全員が同様に行います。

⭐どのチームが早く終了するか競争！

3歳 以上の遊び

スタートライン

折り返しライン

応 用

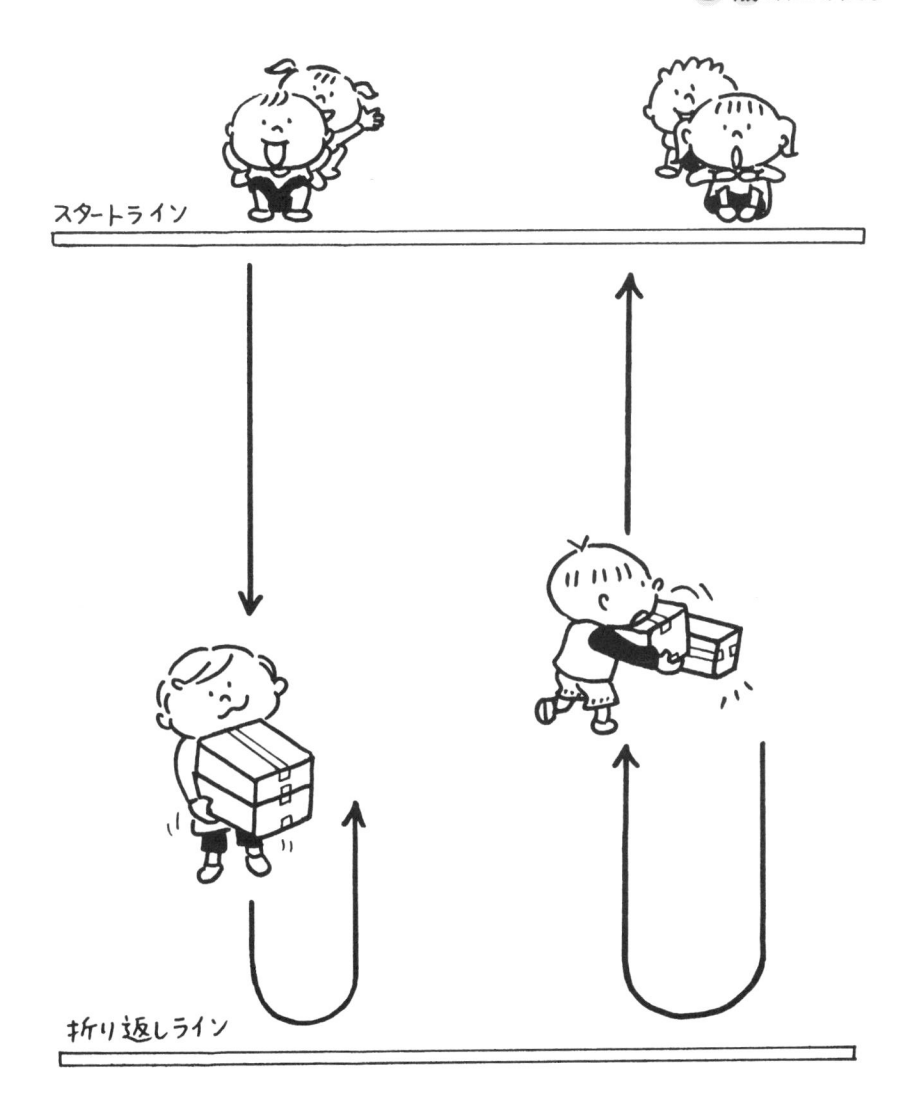

　幼児の場合は，小さな箱にするか，大きな箱であれば1個にして遊びましょう。

10 箱と新聞紙で ハードルジャンプ

★育つ力 　運動力　忍耐力

遊び具を作ろう

材料
段ボール箱（同じ大きさのものを20個），ガムテープ，新聞紙，セロハンテープ

❶ 段ボール箱は，ふたと底をガムテープでとめます。

❷ 新聞紙を2枚重ねて長辺から細くなるように巻き，端をセロハンテープでとめて棒を作ります。

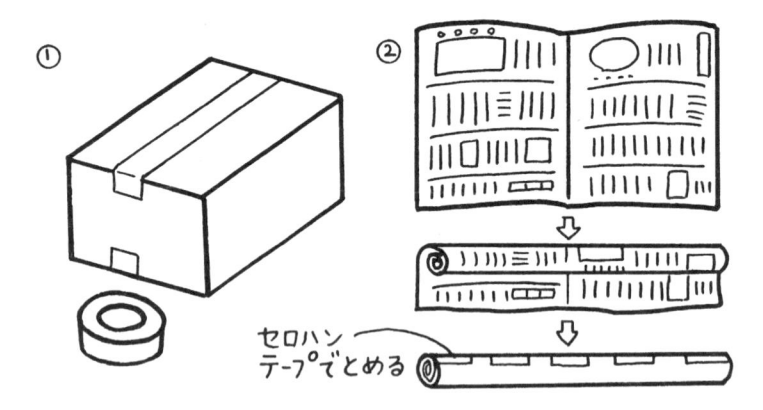

セロハンテープでとめる

遊んでみよう

準備 段ボール箱を2つ置いた上に新聞紙の棒を渡したハードルを，1m間隔に10個作ります。

両足をそろえて，両足とびで，10本のハードルをとび越えます。

＊棒にさわったり，棒を落としたりしたら，最初からやり直します。

3歳 以上の遊び

応 用
- 参加者に合わせて箱の高さを変えて，ハードルの高さを調節しましょう。
- 参加者が小学校高学年以上の場合は，箱を2個積んでハードルを高くしてもよいでしょう。

11 箱と新聞紙で
ハードルくぐり

★育つ力　運動力　忍耐力

遊び具を作ろう

「箱と新聞紙でハードルジャンプ」（28頁）と同じ要領で，段ボール箱と棒を作ります。

遊んでみよう

準備　段ボール箱を2つ置いた上に新聞紙の棒を渡したハードルを，1m間隔に10個作ります。

10本のハードルをくぐり抜けます。

＊棒にさわったり，棒を落としたりしたら，最初からやり直します。

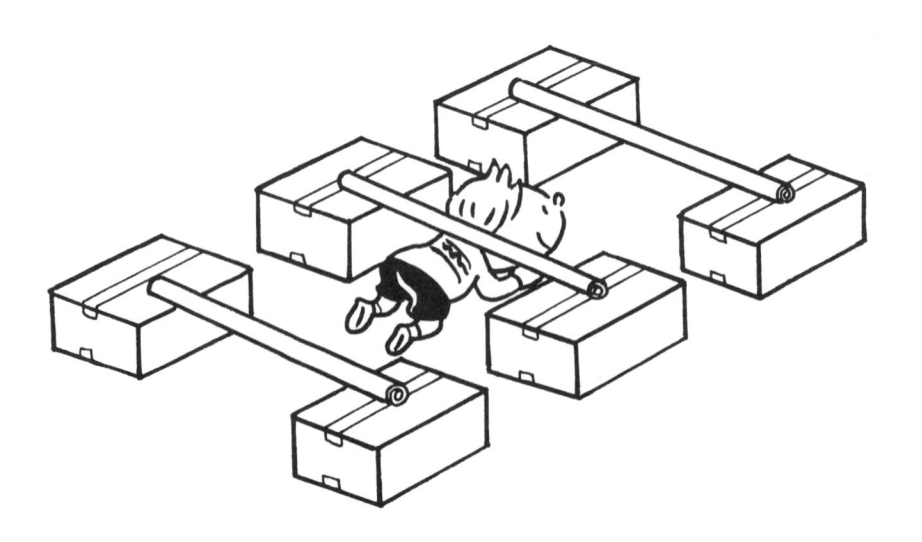

3 歳 以上の遊び

応 用

　最初のハードルをくぐったら，次のハードルを両足とびでとび越える，というように，交互にやってみましょう。

Column

「よく遊び，よく学べ」

　「よく遊び，よく学べ！」　かつて，親は子どもによくいったものです。夏は汗を流し，冬は寒さに負けないように，子どもたちは頬をリンゴのように赤くして，友だちといっしょに夢中で外遊びをしました。男の子の夢はガキ大将になること，女の子の夢はおてんばさんになることでした。正義感が強く，弱い子をかばい，面倒見がいい……これらは遊びを通じて形成された人格でした。

　子どもにとって，友だちは宝でなくてはいけません。友だちは，自分を高めてくれる競争相手であり，助け合う仲間です。かつては，体を動かして遊びながら長い時間をともに過ごし，同じ経験を積み重ねていくことで，互いを「竹馬の友」と呼ぶほどの親密な間柄が育っていったものでした。

　今，私たち大人は，子どもたちをテレビ漬け，ゲーム漬け，携帯電話漬けにして放置してはいないでしょうか。子どもは遊びに引き寄せられると，いつの間にかテレビを忘れゲームを忘れ携帯電話を忘れます。遊びに夢中になって「勝った」「よーし」「今度こそ」と，子どもたちの体全体に生き生きと躍動感がみなぎってこそ，子どもが子どもらしさを発揮する瞬間が生まれるのです。

　そのような子どもらしさを育む環境が"遊び"です。遊びは，子どもにとって大切な人間形成の場なのです。

❹歳以上の遊び

12 1人で，2人で，交互に指出しっこ

★育つ力 思考力

遊んでみよう・1

① 右手は人さし指，左手はパーを出します。
② 右手をパー，左手を人さし指に変えます。
③ ①②を交互に繰り返します。

遊んでみよう・2

① 右手は人さし指，左手はパーを出します。
② 両手を1回たたきます。
③ 右手はパー，左手は人さし指を出します。
④ 両手を1回たたきます。
⑤ ①②③④を順に繰り返します。

4歳 以上の遊び

遊んでみよう●3

① 2人が向き合います。
② 同じ側の手で人さし指，もう一方の同じ側の手でパーを出します。
③ 両手を1回たたきます。
④ ②で人さし指を出した手はパー，パーを出した手は人さし指を出します。
⑤ 両手を1回たたきます。
⑥ ②③④⑤を順に繰り返します。

応用

片手はチョキ，もう一方の手はパーというように，人さし指1本からチョキの2本に変えて，同じように遊んでみましょう。

13 折り紙で色カードを作って
同じ色集めっこ

★育つ力　思考力　忍耐力

遊び具を作ろう

材料
　折り紙（15×15cmが適当，10色），厚紙，のり，はさみ

❶　折り紙を，折り筋がしっかりつくように4つに折ります。
❷　折り紙と同じ大きさに切った厚紙の片面全体にのりをつけて，折り紙と貼り合わせます。
❸　折り紙の折り筋に合わせてはさみで切り離せば，一度に4枚の色カードの出来上がり。

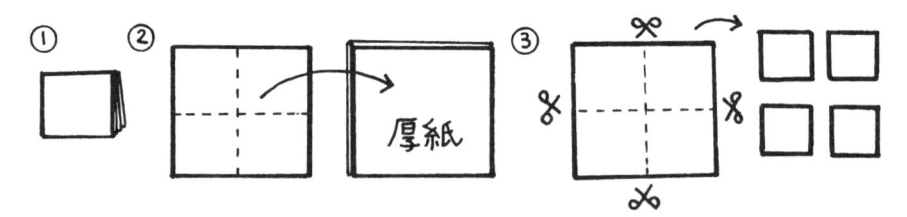

遊んでみよう・1

①　色カードをできるだけたくさん，色が見えるようにバラバラに床に置きます。
②　指導者は，たとえば「同じ色のカードを6枚集めましょう」と指示します。
③　参加者は，自分の決めた色のカードを6枚拾います。
✪誰がいちばん早く集められるかな？

4歳以上の遊び

遊んでみよう・2

① 色カードをできるだけたくさん，色が見えないように裏返してバラバラに床に置きます。

② 指導者は，たとえば「同じ色のカードを6枚集めましょう」と指示します。

③ 参加者はカードを1枚ずつめくって，自分の決めた色のカードを6枚拾います。決めた色以外の色のカードは，すぐに裏返して元に戻します。

応 用

● カードを集める枚数をいろいろと変えて挑戦してみましょう。

● 「違う色のカードを6枚集めましょう」など，指示をだんだん複雑にして遊びましょう。

＊幼児は，集める枚数を少なめに指示するとよいです。

14 折り紙と箱でカラー箱を作って
色合わせ

★育つ力 思考力 社会力

遊び具を作ろう

材 料
段ボール箱（みかん箱くらいの大きさのもの），布テープ，折り紙（赤，緑，黄，青，黒，桃など6色），のり

❶ 段ボール箱のふたと底を布テープでとめます。

❷ 1個の箱の6面すべてに同じ色の折り紙を貼ります。すべての箱に折り紙を貼れば，カラー箱の出来上がり。

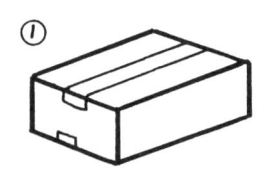

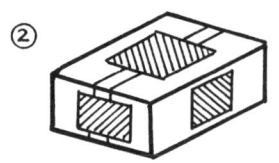

遊んでみよう・1

① 参加者全員がカラー箱を1人1個持ちます。
② 指導者の「同じ色で4個が集まりましょう」の指示で，同じ色の箱を持っている人4人が1か所に集合します。

遊んでみよう・2

① 参加者全員がカラー箱を1人1個持ちます。
② 指導者の「違う色で4個が集まりましょう」の指示で，違う色の箱を持っている人4人が1か所に集合します。

4歳 以上の遊び

違う色で4個が集まりましょう

青
黒
黄
赤

応用

集合する数を変えたり,「3色を2個ずつで6個」などと参加者に合わせて指示を複雑にしたりして, 遊んでみましょう。

15 折り紙と箱でカラー箱を作って
いろいろ四角形

★育つ力　思考力　社会力

遊び具を作ろう

「折り紙と箱でカラー箱を作って色合わせ」(38頁)と同じ要領で，カラー箱を作ります（ただし，折り紙は9色用意します）。

遊んでみよう

① 参加者全員がカラー箱を1人1個持ちます。
② 指導者の「同じ色4個で，四角形を作りましょう」の指示で，同じ色の箱を持っている人4人で四角形を作ります。
③ 指導者の「同じ色9個で，四角形を作りましょう」の指示で，同じ色の箱を持っている人9人で四角形を作ります。

4歳 以上の遊び

応用

4色や9色の四角形や，2色で4個の四角形，3色で9個の四角形など，いろいろ作ってみましょう。

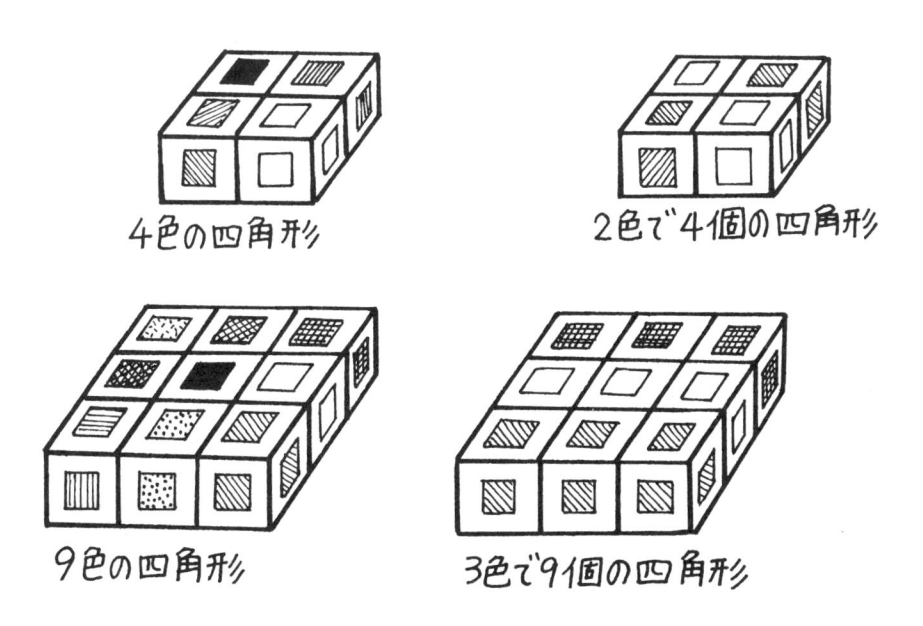

4色の四角形

2色で4個の四角形

9色の四角形

3色で9個の四角形

16 空き缶で 持ち上げっこ

★育つ力　思考力　運動力　忍耐力

遊び具を作ろう

材料
スチール製の空き缶（同じ大きさのもの），セロハンテープ

空き缶の金具（プルトップ）をとり，飲み口をセロハンテープでふさげば出来上がり。

＊缶で手を切らないよう注意しましょう。

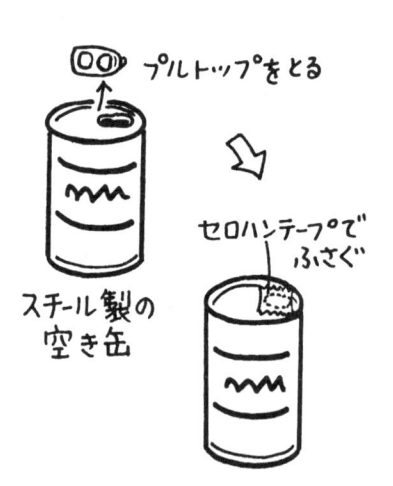

プルトップをとる
スチール製の空き缶
セロハンテープでふさぐ

遊んでみよう・1

① 空き缶を2本積みます。
② 左右どちらかの手で，積まれている下の方の空き缶を持ちます。
③ そのままそっと立ち上がって，空き缶の塔を自分の目の高さまで持ち上げます。
④ そのままそっと，空き缶の塔を下ろします。
⑤ 反対の手でも，同様にやってみます。

4歳 以上の遊び

遊んでみよう • 2

① 4本の空き缶を2本ずつ積みます。
② 左右それぞれの手で，積まれている下の方の空き缶を持ちます。
③ そのままそっと立ち上がって，目の高さまで持ち上げて，下ろします。

応 用

積む缶を2本から3本に増やして，片手，両手で遊んでみましょう。

17 空き缶でトーテムポールを作って
運送屋さんごっこ

★育つ力　思考力　運動力　忍耐力

遊び具を作ろう

材料
　空き缶（同じ大きさのもの5個），セロハンテープ

　空き缶5個をセロハンテープでつなぎ合わせれば，トーテムポールの出来上がり。

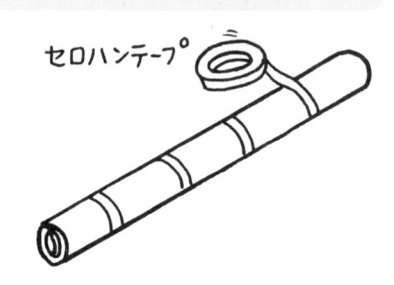

遊んでみよう・1

準備　ゴムボール（大きめのもの）を用意します。

① トーテムポールの上にゴムボールをのせます。
② 一番下の空き缶を片手で持って，ボールを落とさないように進みます。

☆どこまで進むことができるか挑戦！

4 歳 以上の遊び

遊んでみよう・2

トーテムポールを両手で持って，他は「**遊んでみよう・1**」と同様に遊びます。

応用

- せまい場所では，目標を決めて，そこまでの間を何往復できるかに挑戦しましょう。
- 人数が多いときは，リレー式のチーム対抗戦にしましょう。

18 新聞紙で棒を作って
瞬間手引き

★育つ力　思考力　社会力　運動力

遊び具を作ろう

材 料
新聞紙

❶　2つ折の新聞紙1枚を，縦が長くなるように置きます。
❷　上から下へ半分に折り，さらに半分に折る，というように，太さが3cmくらいになるまで繰り返し折って，棒を作ります。
❸　同様にして，棒をもう1本作ります。

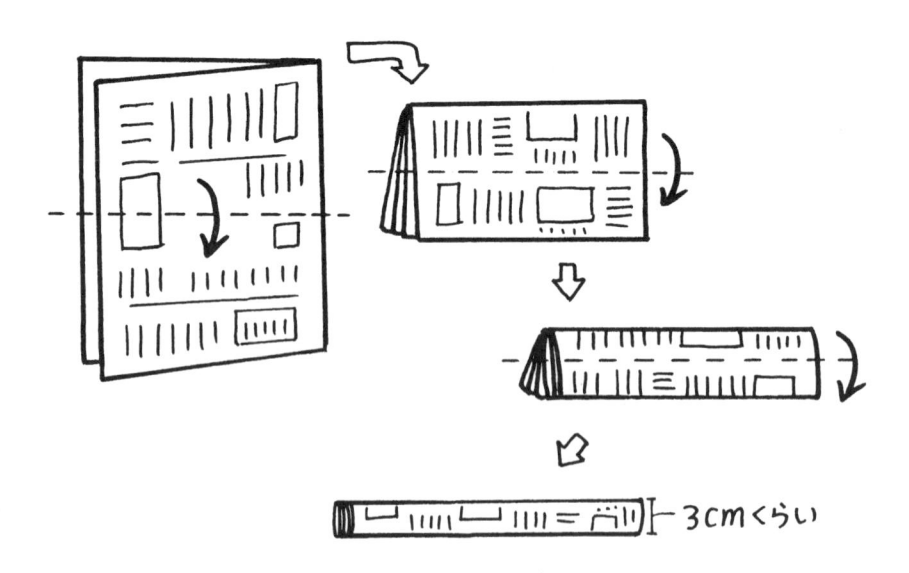

3cmくらい

4歳 以上の遊び

遊んでみよう

① 2人1組になります。
② 1人が、2本の棒を半分に折って、山折りが外側になるように重ねて両端を持ち、輪を作ります。
③ もう1人が、片手を②の輪に通します。
④ 指導者の「ハイ！」の合図で、輪を持っている人は左右に引いて輪を閉じ、手を通している人は手を抜きます。

★相手の手をキャッチできるか、輪から手を抜けるか、どちらが素早く動けるかな？

19 新聞紙でけん輪を作って
輪通し

★育つ力　思考力　運動力　忍耐力

遊び具を作ろう

材料
新聞紙，セロハンテープ，たこひも（1.5m）

❶ 新聞紙2枚を重ね，角から細く硬めに巻いてセロハンテープでとめ，棒を作ります。

❷ 同様にして，棒をもう1本作ります。

❸ 2本の棒のうち1本は，親指と人さし指でつぶしながら輪になるように曲げ，両端を5cmくらい重ね合わせてセロハンテープで巻いて，輪を作ります。

❹ もう1本は，両端を10cmくらい曲げてセロハンテープでとめて，じょうぶな棒にします。

❺ ❸の輪と，❹の棒の真ん中をたこひもで結んでつなげば，けん玉ならぬけん輪の出来上がり。

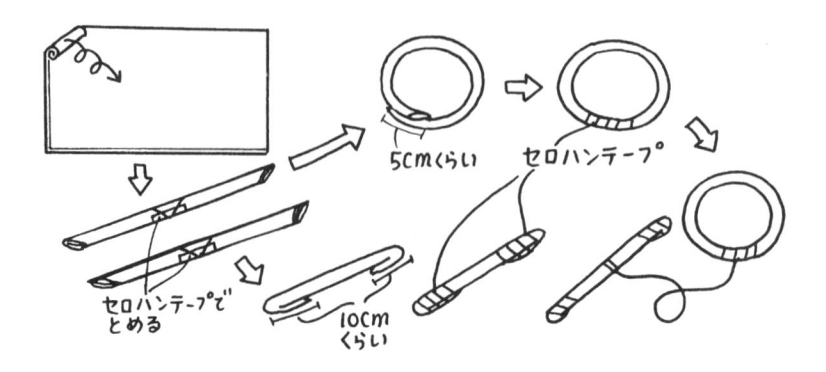

4 歳 以上の遊び

遊んでみよう・1

けん玉の要領で、輪を棒に通します。

★時間内に何回できるか挑戦！

遊んでみよう・2

① 棒の中ほどを持ち、輪を投げ上げます。
② 素早く手首をひねって棒の上下を逆さにして、落ちてきた輪を棒の小指側に通します。

ひねる

20 広告で輪っぱとストローを作って
転がしっこ

★育つ力　思考力　運動力　忍耐力

遊び具を作ろう

材料
広告紙（Ａ４大のもの），セロハンテープ

❶ 広告紙の短い辺同士を１cmくらい重ねてセロハンテープで貼れば，輪っぱの出来上がり。

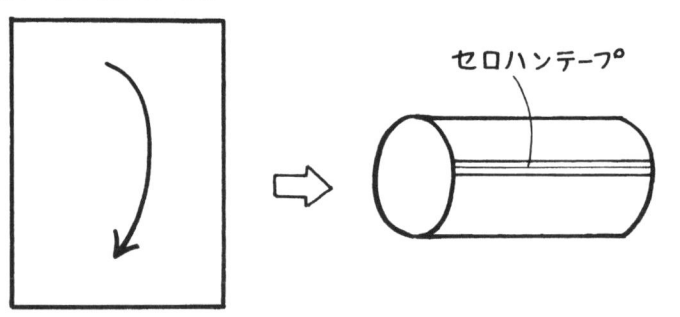

セロハンテープ

❷ 別の広告紙を，直径１〜1.5cmの太さになるように細く巻いて，端をセロハンテープでとめれば，手作りストローの出来上がり。

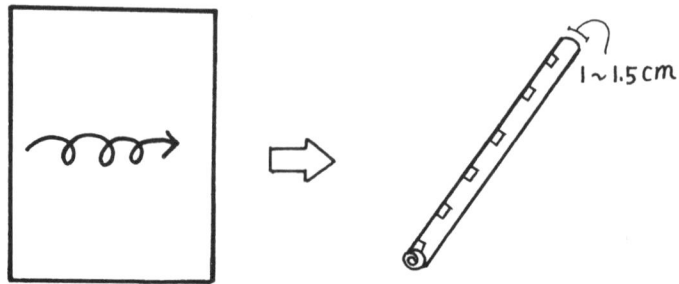

1〜1.5cm

4歳 以上の遊び

遊んでみよう

　床に置いた輪っぱに，ストローで息を吹きつけながら，輪っぱを転がしていきます。

21 ポスターで輪っぱを作って
転がしっこ

★育つ力　思考力　運動力　忍耐力

遊び具を作ろう

材料
ポスター（大きめのもの），セロハンテープ

ポスターの短い辺同士を1cmくらい重ねてセロハンテープで貼れば，輪っぱの出来上がり。

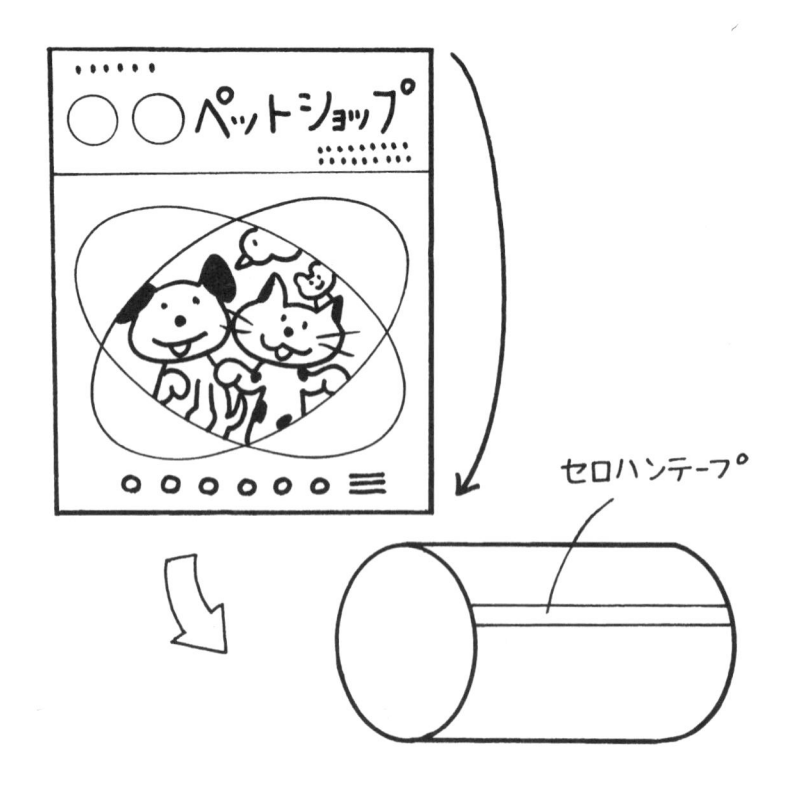

4 歳 以上の遊び

遊んでみよう

準 備
1　うちわを用意します。
2　スタートラインに輪っぱを並べておきます。

「ヨーイドン」で，うちわで輪っぱをあおいでゴールに向けて進みます。

＊輪っぱにうちわがふれたら，最初からやり直します。

☆一番先にゴールに到着するのは誰かな？

Column

遊ぶ子どもの神々しさ

　友だちができると，子どもたちは遊びの場作りを始めます。せまい場所ではせまい場所なりに工夫して遊ぶ子どもたち。寒ければ寒いほど，自然と思いっきり走りまわって元気に遊ぶ子どもたち。子どもたちは，与えられた環境を上手に活かして遊ぶ知恵をもち合わせています。

　路地が，大人は立ち入ることのできない，子どもたちだけの遊びの聖域だったことを，かつてのガキ大将やおてんばさんは懐かしく思い出すでしょう。そんな子どもたちが大人になり，「子どもたちには広々とした場所がよいのでは」と広い公園や運動場を提供したものの，その思惑通りには利用されていないのが現状です。

　子どもたちにとって居心地のよい場所は，時代は変わっても，片隅のようなせまいところのようです。子どもたちが路地を好んだり，団子のように固まったりするのも，自分たち自身で身を守ろうとする，本能的な防衛策なのではないでしょうか。

　せまい場所でも寒いときでも，文句をいわずにひたすら遊んでいる子どもたちを目の当たりにするたびに，私には，子どもたちが神々しくみえてくるのです。

⑤歳以上の遊び

22 あいこがポイント！
1つ抜きじゃんけん

★育つ力 （思考力）

遊んでみよう

① 2人1組になり，先攻・後攻を決めます。
② 指導者は，たとえば「グーとチョキで，じゃんけん5回ずつ」と指示します。
③ 2人はグーとチョキだけでジャンケンを5回します。そのとき先攻の人は，相手に自分とあいこのじゃんけんを出させるようにします。相手は，あいこのじゃんけんを出さないようにします。
④ 5回終わったら，あいこだった回数を確認します。
⑤ グーとチョキだけでジャンケンをもう5回します。今度は後攻の人が，相手に自分とあいこのじゃんけんを出させるようにします。相手は，あいこのじゃんけんを出さないようにします。
⑥ 5回終わったら，あいこだった回数を確認します。
⑦ 相手とあいこを出した回数が少ない人の勝ちです。

＊途中でどちらかがうっかりパーを出したら，その人の負けです。

5歳 以上の遊び

応 用

「チョキとパー」「パーとグー」でもやってみましょう。

23 カレンダーで数字カードを作って
100集め

★育つ力 　思考力　忍耐力

遊び具を作ろう

材料
カレンダー（1日から31日までのっているもの），厚紙，はさみ（またはカッターナイフ），のり（または接着剤）

❶ 厚紙をカレンダーと同じ大きさに切り，一面にのりをぬります。

❷ カレンダーと厚紙を貼り合わせます。

❸ 1日ずつ切り離せば，1〜31の数字カード1組の出来上がり。

5 歳 以上の遊び

遊んでみよう・1

① 1人1組のカードを参加の人数分集めて，ごちゃまぜにして，数字が見えるように床いっぱいに広げます。
② 合計が100になるようにカードを集めます。
★誰が早く集められるかな？

偶数で100

| 10 | 18 | 22 | 24 | 26 |

奇数で100

| 3 | 7 | 19 | 1 | 23 | 7 |
| 1 | 9 | 21 | 1 | 5 | 3 |

遊んでみよう・2

「遊んでみよう・1」と同じ要領で，ただし集めるカードを偶数（または奇数）のカードばかりにして，合計が100になるようにします。

24 空き缶で 積み上げっこ

★育つ力 思考力 忍耐力

遊び具を作ろう

「空き缶で持ち上げっこ」（42頁）と同じ要領で，セロハンテープで飲み口をふさいだ空き缶を作ります。

遊んでみよう・1

空き缶を1本ずつ，できるだけたくさん積み上げます。
★何本まで積み上げられるか挑戦！

5 歳 以上の遊び

遊んでみよう・2

① 両手に1本ずつ空き缶を持って，同時に立てます。
② また両手に1本ずつ持って，①で立てた空き缶の上に左右同時に積み上げます。
③ ②を繰り返します。

25 ひもで造形遊び

★育つ力　思考力　社会力　忍耐力

遊んでみよう

準備　1人につき細ひも（またはロープ）を50cm用意します。

① 参加者全員が1本ずつひもを持ち，5人1組になります。
② 指導者は，たとえば「人の顔を作りましょう」と指示します。
③ 「ヨーイドン」で，5人のひもで人の顔を作ります。

5 歳 以上の遊び

応 用

- ●動物や魚，花なども作ってみましょう。
- ●人数を増やして，大きな作品にも挑戦してみましょう。

ゾウだよ！

26 紙テープで輪を作って
色で集合

★育つ力　思考力　社会力

遊び具を作ろう

材料
　紙テープ（赤，黄，青，緑，桃，紫，白の7色）

　1mに切った紙テープの両端を結べば，輪の出来上がり。

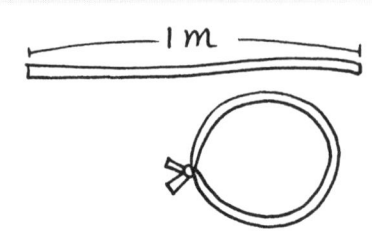

遊んでみよう・1

準備　参加者全員が，どれか1色の輪を首にかけます。

① 指導者は，たとえば「同じ色3人！」と指示を出します。
② 同じ色の輪をかけた人が3人集まって，手をつないでしゃがみます。
③ 集合する人数をいろいろに変えて，繰り返し遊びます。

5 歳 以上の遊び

遊んでみよう・2

準 備 参加者全員が，どれか1色の輪を首にかけます。

① 指導者は，たとえば「違う色ばかり5人！」と指示を出します。
② 違う色の輪をかけた人が5人集まって，手をつないでしゃがみます。
③ 集合する人数をいろいろに変えて，繰り返し遊びます。

遊んでみよう・3

準 備 参加者全員が，どれか1色の輪を首にかけます。

① 指導者は，「同じ色の人全員！」と指示を出します。
② 同じ色の輪をかけた人全員が集まって，手をつないでしゃがみます。

★どの色が早く集合できるかな？

応 用

時間内に，いろいろな指示をおりまぜて遊びましょう。

27 厚紙で大きなサイコロを作って
数で前進

★育つ力 　思考力　社会力　忍耐力

遊び具を作ろう

> **材料**
> 厚紙（15×15cmを6枚），セロハンテープ，油性ペン

❶　厚紙6枚をセロハンテープで貼り合わせて，立方体を作ります。

❷　6つの面に1から6までの数字を書けば，サイコロの出来上がり。

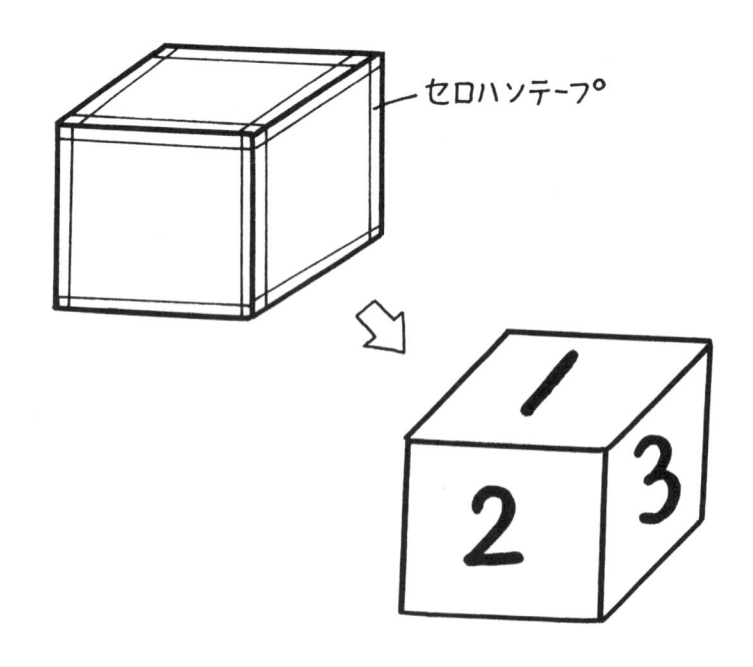

5 歳 以上の遊び

遊んでみよう

準備 スタートラインと折り返しラインを決めます。

① 参加者を2チームに分けます。
② 各チーム内で2人1組になって,「ヨーイドン」で,1人がサイコロを振って出た数をもう1人に知らせ,聞いたもう1人はその数だけ前進します。
③ 折り返しラインについたら,そこから役割を交代してスタートラインまで戻り,次の組にサイコロを渡します。

★どちらのチームが早く終了するか競争!

28 ビニール袋と新聞紙でソリを作って
スイスイスーイ

★育つ力　運動力　忍耐力

遊び具を作ろう

材料
　ビニール袋（持ち手つきのもの），新聞紙

　朝刊1日分の新聞紙をまとめて4つ折りにしたものを，ビニール袋に入れれば，ソリの出来上がり。

遊んでみよう

① 　2人1組になります。
② 　1人がソリに乗ります。もう1人は袋の持ち手を持ってソリを引っぱる用意をし，その両腕をソリに乗った人が持ちます。
③ 　持ち手を持っている人がソリを引っぱって進みます。

5 歳以上の遊び

④　しばらくしたら，役割を交代します。
＊1人でソリを引っぱれないときは，3人1組になって，2人で引っぱります。
＊他のソリなどにぶつからないよう，注意します。

応用

　ソリをタクシーに見立てて，運転手さんとお客さんになって遊ぶのも楽しいでしょう。

29 段ボールとボールで
すくって，キャッチ

★育つ力　思考力　社会力　運動力

遊んでみよう

準備　厚手で4辺が各40cmくらいの段ボール（ベニヤ板でもよい），ゴムボール（大きめのもの）を用意します。

① 2人1組になり，1人がボールを持ち，もう1人が段ボールを両手で持って，少し離れて向かい合って立ちます。
② ボールを持った人が，相手に転がします。
③ 段ボールを持っている人は，転がってきたボールを段ボールですくい上げるようにして，相手に投げ返します。
④ ボールを投げ返された人は，手で上手にキャッチします。

5 歳 以上の遊び

⑤　しばらくしたら，役割を交代します。

応 用
　２人の間を少しずつ離して遊んでみましょう。

30 ポスターで筒を作って
玉通しキャッチ

★育つ力 　思考力　運動力　忍耐力

遊び具を作ろう

材料
ポスター（厚めのもの），セロハンテープ，ピンポン玉，テニスボール

❶　ピンポン玉が通る太さにポスターを巻いて，端をセロハンテープでとめれば，ピンポン玉用の筒の出来上がり。

❷　テニスボールが通る太さにポスターを巻いて，端をセロハンテープでとめれば，テニスボール用の筒の出来上がり。

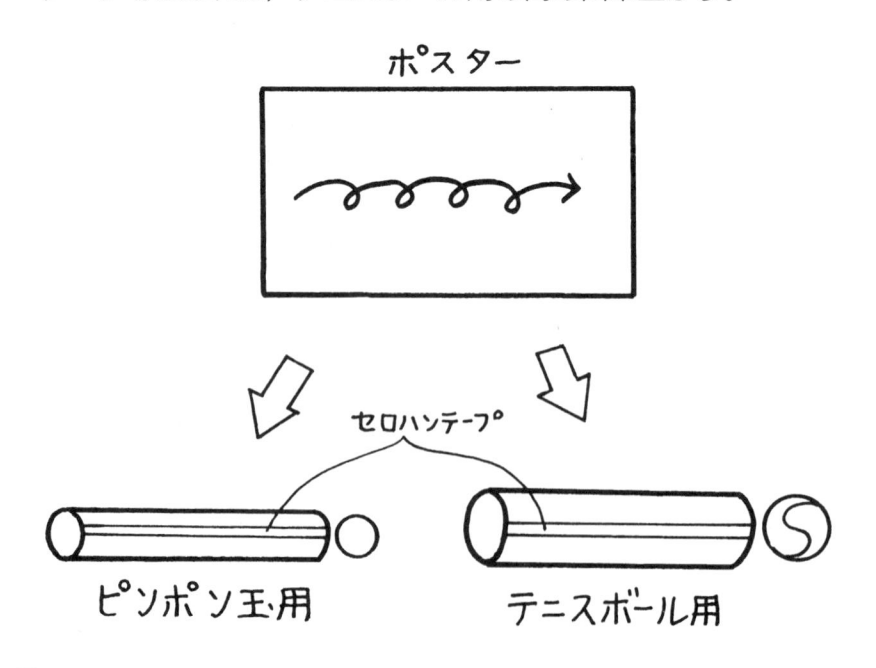

ポスター

ピンポン玉用　　セロハンテープ　　テニスボール用

5歳 以上の遊び

遊んでみよう・1
① 片手でピンポン玉をワンバウンドさせます。
② 落ちてくるピンポン玉を，もう一方の手に持ったピンポン玉用の筒の上から下へ通過させて，空いている手でキャッチします。

遊んでみよう・2
① 片手でテニスボールをワンバウンドさせます。
② 落ちてくるテニスボールを，もう一方の手に持ったテニスボール用の筒の上から下へ通過させて，空いている手でキャッチします。

31 紙コップでけん玉を作って
玉キャッチ

★育つ力　思考力　社会力　運動力

遊び具を作ろう

材料　スチール製の空き缶（1個），紙コップ（2個），セロハンテープ

空き缶の上と下に，紙コップを1つずつ，飲み口が外側になるようにセロハンテープで貼りつければ，けん玉の出来上がり。

遊んでみよう

準備　ピンポン玉を用意します。

① 2人1組になり，1人がピンポン玉を，もう1人がけん玉を持って，少し離れて向かい合って立ちます。
② ピンポン玉を持った人が，相手に向かってワンバウンドさせます。
③ けん玉を持っている人は，相手がワンバウンドさせたピンポン玉を，けん玉のコップに入れます。
④ しばらくしたら，役割を交代します。

5 歳 以上の遊び

応 用
- 慣れてきたら，けん玉を持つ手の手首をひねって，下側のコップを上にしてピンポン玉を入れましょう。

- ワンバウンドができたら，ツーバウンドでもやってみましょう。
- ピンポン玉を自分でバウンドさせてコップに入れる遊び方にも挑戦してみましょう。

32 空き缶で筒を作って
2人で玉通し

★育つ力　思考力　社会力　運動力

遊び具を作ろう

材料
　空き缶，缶切り，ビニールテープ

　空き缶のふたと底の両面を缶切りで切り取れば，筒の出来上がり。

＊缶の切り口で手を切らないよう，ビニールテープで覆います。

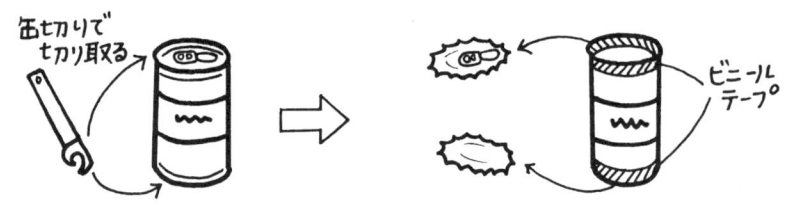

遊んでみよう

準備　ピンポン玉を用意します。

① 2人1組になり，1人はピンポン玉を，もう1人は筒を持って，1m離れて向かい合って立ちます。
② ピンポン玉を持った人が，相手に向けてワンバウンドさせます。
③ 筒を持っている人は，弾むピンポン玉を，筒の上から下へ通過させます。

✪2人の間を少しずつ離して挑戦！

5 歳以上の遊び

応 用

慣れてきたら，筒を持つ手の手首をひねって，筒の小指に近い側からピンポン玉を入れてみましょう。

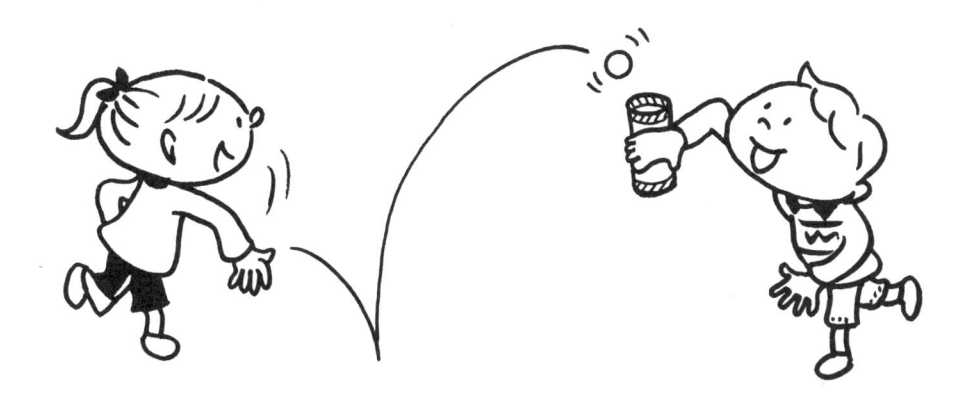

77

> Column

子ども時代の感覚を呼び覚まそう

　懐かしの駄菓子屋さんがありました。戸をガラガラと開けると，「いらっしゃい」とニコニコと迎えてくれたおじいちゃん。レジのところにはおばあちゃんが杖を握って座っています。

　気のよいおじいちゃんは，「昔は富山の薬売りの人が，配置薬といって，各家庭に薬を補充していくついでに，この紙風船もおまけにつけたんだよ」と，サイコロの形をした紙風船を指さして教えてくれました。そして，ひねりゴマをクルッと回しながら，「生まれて10カ月の子どもでもちゃんと回すよ。でも，こういう遊びを経験していないと10歳でも回せないよ」ときっぱり。

　大学生にやらせてみると，おじいちゃんのいったとおり，こまは回りません。「親指と人さし指で軸を持って……」と手取り足取りして大騒ぎ。手をかざせば蛇口から水が出てくる生活に，便利便利と喜んでばかりはいられません。

　遊ばなかった，遊べなかった人が，親になり先生になる時代です。親も先生も子どもたちに寄り添いながら，子どもたちと体をふれあわせ，ぶつかり合い，歓声をあげて，遊びの中で子ども時代の感覚を呼び覚まさなければなりません。

　大人が子ども時代の感覚をもっていれば，子どもとの距離がぐっと縮まります。そして，遊びを通して，子どもをより深く理解することができるようになります。

　子どもは，今，成長しています。成長に待ったはかけられません。

小学生以上の遊び

33 同時に＆同じ
文字書きっこ

★育つ力　思考力　忍耐力

遊んでみよう

準備　ホワイトボード，ペン（または黒板，チョーク）を用意します。

① 両手に1本ずつペンを持ちます。
② 指導者の「自分の名前を書きましょう」の指示で，右手と左手で同時に，自分の名前を縦書きに漢字で書きます。
③ その他，他の人の名前や地名など，いろいろな文字を書きます。

✪両手で同時に，うまく書けるかな？

小学生以上の遊び

応用
　○や△，□，☆などの形も描いてみましょう。

34 考えて考えて 熟語作り

★育つ力 　思考力

遊んでみよう

準備　ホワイトボード2枚，ペン（または黒板2枚，チョーク）を用意します。

① 参加者を2チームに分けます。
② 指導者は，両方のホワイトボードに同じ漢字を1字書きます（たとえば「東」）。
③ 「ヨーイドン」の合図で，最初の人から順番に，「東」と組み合わせると二字熟語になるような漢字を1字ずつ書いていきます（たとえば，「京」で「東京」→「西」で「東西」→「関」で「関東」……）。

小学生以上の遊び

④ 終了後,「『東京』,『東西』,『関東』……」というように全員で熟語を読んで,正しいかどうか確認します。

⭐ どちらのチームが時間内に多くの熟語を書けるかな？

応用

参加者全員に紙を1枚ずつ渡して,誰が時間内に多くの熟語を書けるか,挑戦させてみましょう。

35 新聞の活字を並べて
ことば作り

★育つ力　思考力　忍耐力

遊んでみよう

準備　参加者に，新聞1枚ずつとはさみを配っておきます。

① 指導者は，たとえば「自分の名前」と指示します。
② 参加者は，新聞から自分の名前の活字を探して切り抜き，順に並べて自分の名前を作ります。

＊漢字とひらがな・カタカナがまじっていてもよいことにします。
✪誰が早く名前を完成できるかな？

小学生以上の遊び

応 用

　地名，歴史上の人物名，食べ物の名前など，いろいろな指示で遊びましょう。

36 新聞の活字を並べて 文章作り

★育つ力 思考力 忍耐力

遊んでみよう

準備 参加者に，新聞（1人につき朝刊1日分）とはさみを配っておきます。

① 指導者は，「学校生活」「家での生活」「お父さん・お母さん」「友だち」「季節」など，参加者の興味がわくようなテーマと制限時間を指示します。

② 参加者は，自分の新聞の中から文字や文を探して並べ，テーマに合った短い一文を作ります。

小学生以上の遊び

③　時間になったら，できた文章を発表し合います。

かず君と恵子ちゃんは
ようち園のときから
の友だちです

かず君と恵子ちゃんは ようち園のときからの 友だちです

37 ひもで
ひと文字作り

★育つ力 　思考力　忍耐力

遊んでみよう

準備　細ひも（またはロープ）を1人につき1m用意します。

1本のひもで，ひらがなを作ります
⭐いくつできるかな？

小学生以上の遊び

応用

カタカナ，数字，アルファベット，漢字も作ってみましょう。

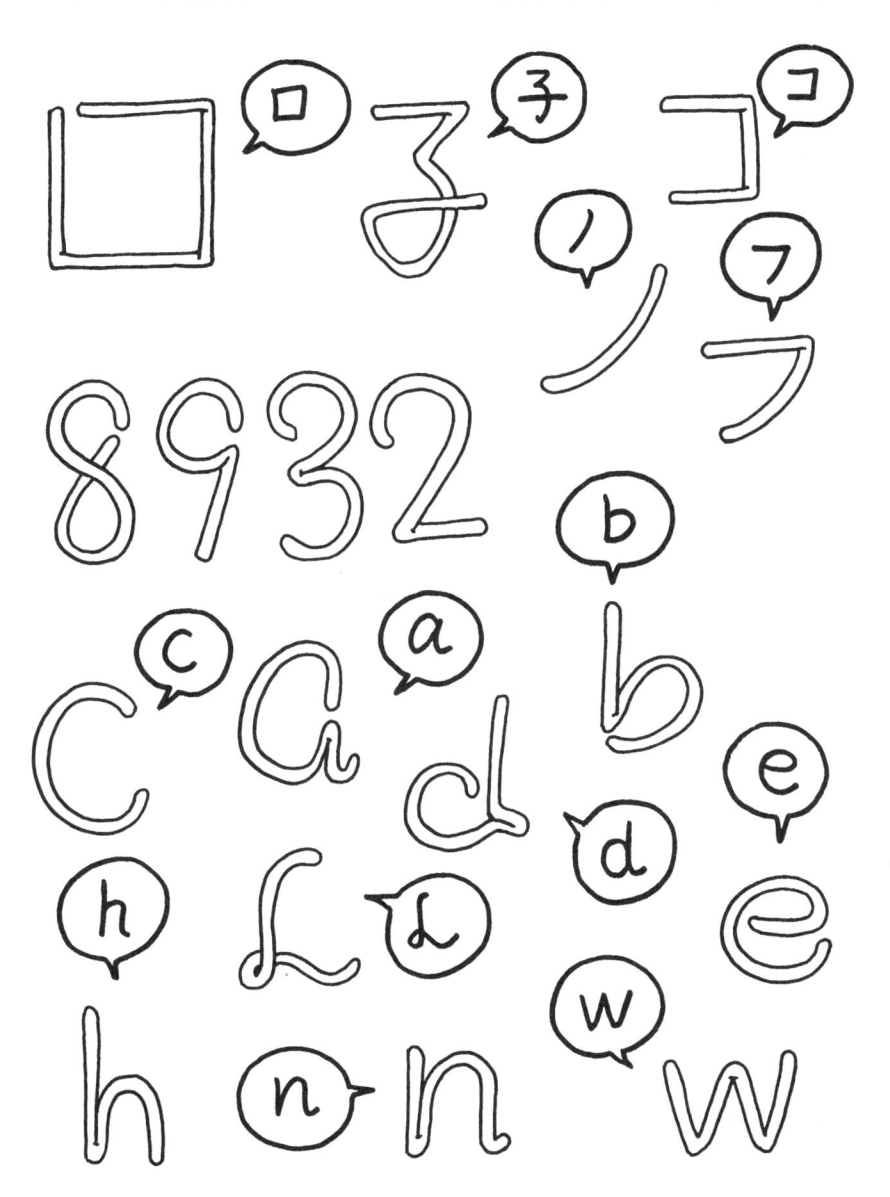

38 厚紙でひらがなカードを作って
ことば作り

★育つ力　思考力　忍耐力

遊び具を作ろう

材料
筆ペン（または太めの油性ペン），無地の厚紙，はさみ

❶ 厚紙を１辺が５cmくらいの正方形に切ります。

❷ カードに，ひらがなの「あ」〜「ん」，長音に使う「ー」，「ゃゅょ」などの拗音，「がぎぐげご」などの濁音，「ぱぴぷぺぽ」などの半濁音を書けば，ひらがなカードの出来上がり。

＊よく使われる文字は，多めに作っておきます。

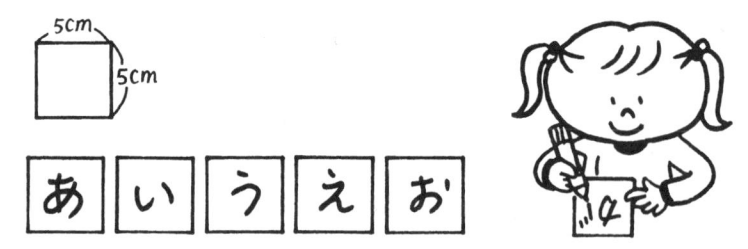

遊んでみよう・1

① 全部のカードを，文字が見えるようにバラバラに置きます。

② 指導者は，作ることばの種類（たとえば，「植物の名前」「食べ物の名前」「地名」など）と，制限時間を指示します。

③ 「ヨーイドン」の合図で，参加者はカードを拾い集めて並べ，時間内にできるだけ多く指示された種類のことばを作ります。

✪誰がいちばん多くのことばを作れるかな？

小学生以上の遊び

遊んでみよう・2

① 全部のカードを，文字が見えないように裏返してバラバラに置きます。
② 指導者は，作ることばの種類と，制限時間を指示します。
③ 「ヨーイドン」の合図で，参加者はカードを1枚ずつめくって，使わないカードは裏返して元に戻しながら，時間内にできるだけ多く指示された種類のことばを作ります。

39 カレンダーで数字カードを作って
一桁目が同じ数集め

★育つ力 思考力 忍耐力

遊び具を作ろう

「カレンダーで数字カードを作って100集め」（58頁）と同じ要領で、数字カードを作ります。

遊んでみよう・1

① 1人1組のカードを参加の人数分集めて、ごちゃまぜにして、数字が見えるように床いっぱいに広げます。
② 指導者は、たとえば「一桁目が同じカードを5枚」というように、一桁目が同じ数字のカードを何枚か集める指示を出します。
③ 参加者は、指示どおりにカードを探して集めます。

✪誰が早く集められるかな？

小学生以上の遊び

遊んでみよう・2

　指導者の指示を，二桁目が同じ数字のカードを何枚か集めるものに変えて，他は「**遊んでみよう・1**」と同様に遊びます。

「二桁目が同じ数字のカードを3枚」

「かんたんかんたん」

21　23　24

13　29　30　10　13　27　8　23　8　13　5　11　15　22　10　12　6　20　16　9　2　11　31

11　18　16

40 厚紙で数字ボードを作って
足し算集合

★育つ力　思考力　社会力

遊び具を作ろう

「厚紙で数字ボードを作って同じ数字で集合」（14頁）と同じ要領で，数字ボードを作ります。

遊んでみよう・1

① 参加者全員が，数字ボードを1枚首にかけます。
② 指導者は，たとえば「合計で30」と指示します。
③ 「ヨーイドン」の合図で，参加者はそれぞれがかけたボードの数を合計すると指示の数になるように，1か所に集まって手をつなぎます（「合計で30」の指示なら，たとえば「2」「5」「5」「8」「10」のボードの人が集まります）。

小学生以上の遊び

遊んでみよう・2

奇数のボードの人ばかりで,指示の数になるように集まります。

＊その間,偶数のボードの人は見学します。

遊んでみよう・3

偶数のボードの人ばかりで,指示の数になるように集まります。

＊その間,奇数のボードの人は見学します。

41 厚紙で大きなサイコロを作って
合わせていくつ？

★育つ力　思考力　社会力

遊び具を作ろう

「厚紙で大きなサイコロを作って数で前進」（66頁）と同じ要領で，サイコロを作ります。

遊んでみよう●1

準備　紙とペンを用意します。

① 5人ずつのチームを作ります。
② チームごとに，サイコロを1人1回ずつ振って，出た数を5人分たし算し，合計を紙に書きます。
③ 合計がいちばん大きいチームの勝ちです。

小学生以上の遊び

遊んでみよう・2

① 5人ずつのチームを作ります。
② チームごとに，サイコロを1人が続けて2回振って，出た数のうち大きい方を5人分たし算し，合計を紙に書きます。
③ 合計がいちばん大きいチームの勝ちです。

遊んでみよう・3

① 5人ずつのチームを作ります。
② チームごとに，サイコロを1人が続けて2回振って，出た数の大きい方から小さい方を引いた数を5人分たし算し，合計を紙に書きます。
③ 合計がいちばん大きいチームの勝ちです。

42 風船としゃもじで
落とさないで！

★育つ力 思考力 運動力

遊び具を作ろう

材料
　風船（1人につき2個），しゃもじ（または卓球やバドミントンのラケット，1人につき2本）

風船を1人2個，大きくふくらませて口をしばります。

遊んでみよう

① 　2個の風船を，同時に空中に投げ上げます。
② 　すかさず両手にしゃもじを持って，どちらの風船も床に落ちないように打ち続けます。

＊できるだけ空気が動かない場所で遊びましょう。

小学生以上の遊び

Column

大人から子どもへ，遊びの伝承を

　「勉強が嫌いでも学校は大好き」「けんかがあっても幼稚園（保育園）は大好き」という子どもたちは，学校や幼稚園，保育園を，そこにいると辛さ，苦しさ，悲しさを乗り越えられるところだと思っているのではないかと思います。

　先生方にとって，このような子どもたちの声を聞くことは，先生冥利に尽きるのではないでしょうか。

　このような子どもを増やすためには，子どもの笑顔があふれるクラス作りが先決。そして，子どもの生活の中に遊びを広げる先生のクラスは，子どもの笑顔でいっぱいです。

　遊びは，特定の人だけが勝つという保証がないのがおもしろくて楽しいです。自分が出したジャンケンのグーが勝ったり負けたりあいこだったりは，相手が何を出したか次第。だから，多くの人がジャンケン遊びを好きだというのでしょう。

　子どもたちは，尊敬する自分のクラスの先生が教えてくれる遊びだからこそ，友だちといっしょに遊ぶのが嬉しくて面白くて楽しいのです。大好きなお父さん，お母さんやおじいちゃん，おばあちゃんから伝承される遊びだからこそ，心おきなく夢中になって遊ぶことができるのです。

著者紹介

●三宅邦夫

昭和22年3月中日こども会を創立。子どもの福祉と文化活動，生涯教育及び遊び（遊戯）の普及に努め，あわせて中高年の健康レクリエーションの創作と伝承，教育講演にも活躍。現在，中日こども会事務局（中日新聞社内）主事。遊戯研究家。

<おもな著書>
『みんなで楽しむ体育あそび・ゲーム事典』『楽しいゲームあそび155』『親と子のふれあい体操BEST47』『健康増進 生き生き体操59』『手づくりカードで楽しむ学習体操BEST50』『思いっきり笑える頭と体のゲーム＆遊び集』（以上，黎明書房），『遊びの再発見』（明治図書）他多数

<住所>
〒487-0033　愛知県春日井市岩成台2-9-1

＊イラスト：伊東美貴

子どもの生きる力を育てる楽しい42の遊び

2008年3月31日　初版発行

著　者	三　宅　邦　夫	
発行者	武　馬　久仁裕	
印　刷	株式会社	太洋社
製　本	株式会社	太洋社

発行所　　　株式会社　黎明書房

〒460-0002　名古屋市中区丸の内3-6-27　EBSビル
☎052-962-3045　FAX 052-951-9065　振替・00880-1-59001
〒101-0051　東京連絡所・千代田区神田神保町1-32-2
南部ビル302号　☎03-3268-3470

落丁本・乱丁本はお取替します。　ISBN978-4-654-06087-0

ⒸK. Miyake 2008, Printed in Japan

親と子のふれあい体操 BEST47
三宅邦夫著　A5判・92頁　1600円

子育て支援シリーズ②　ゲーム感覚で楽しめる体操遊び47種を，イラストを交えて紹介。タオル，新聞，段ボール箱など，身近なものを使った簡単な手作りの遊び具が大活躍！

手づくりカードで楽しむ学習体操 BEST50
三宅邦夫・山崎治美著　A5判・94頁　1600円

指導者ハンドブック②　カレンダーの数字や新聞の活字などを活用したカードを作って，いつでもどこでも算数・国語などが学べる学習ゲーム50種をイラストを交えて紹介。子どもたちにも大好評！

楽しい手品あそび62
三宅邦夫・大竹和美・山崎治美著　A5判・171頁　1700円

子どもと楽しむゲーム④　十円玉，クリップ，輪ゴムなど，身のまわりのものを使った子どもも親も先生も楽しめる手品がいっぱい。『先生も子どももできる楽しい手品遊び62』改題・改版。

楽しいゲームあそび155
三宅邦夫著　A5判・128頁　1500円

子どもと楽しむゲーム⑥　ボール・新聞紙・ペットボトルなど，身のまわりの素材で思いっきり楽しめるあそび155種をイラストつきで紹介。『みんなで楽しむゲーム＆遊び155』改題・改版。

ボールゲーム・体力向上ゲーム117
三宅邦夫・山崎治美著　A5判・126頁　1500円

子どもと楽しむゲーム⑧　ボールを使った遊び70種と，楽しみながら自然に体力がついてくるゲーム47種をイラストつきで紹介。『子どもと楽しむ体力遊び＆ボール遊び』改題・改版。

楽しい体育ゲーム104
三宅邦夫著　A5判・168頁　1700円

子どもと楽しむゲーム⑨　集団遊びに適したゲームを，ボール，風船，新聞紙，紙テープ，あきカンなど，使うもので分け，イラストつきで紹介。『子どもと楽しむ体育ゲーム104』改題・改版。

楽しい指あそび・手あそび160
三宅邦夫・有木昭久・山崎治美著　A5判・142頁　1600円

子どもと楽しむゲーム⑩　手軽で楽しい指あそび・手あそびを，道具を使わないもの，使うもの，みんなでできるものに分け，伝承的なものから創作的なものまで紹介。『伝承・創作指あそび・手あそび160』改題・改版。

表示価格は本体価格です。別途消費税がかかります。